TEXAS

en palabras y fotos

POR DENNIS B. FRADIN

MAPAS POR LEN W. MEENTS

Consultante:
Claire Williams
Directora de investigación
Comisión histórica de Texas

Traductora: Lada Josefa Kratky
Consultante: Roberto Franco

CHILDRENS PRESS ®

CHICAGO

*Dedicado a los Klingelhoffers—Jill,
Bill, Sarah y Louis*

Por su ayuda, el autor agradece a:
   Claire Williams, Comisión histórica de Texas
   Dr. E. Mott Davis, Profesor de antropología, Universidad de Texas en Austin
   Susan Baines, Bibliotecaria de petróleo y gas, Comisión ferroviaria de Texas
   Virginia Hall, Bibliotecaria, Departamento de agricultura de Texas

Parque nacional de Big Bend

Library of Congress Cataloging-in-Publication Data

Fradin, Dennis B.
   Texas en palabras y fotos.

   Traducción de: Texas in words and pictures.
   Incluye un índice.
   Resumen: Breve descripción de la geografía, historia,
ciudades, industria y lugares famosos del Estado de la
Estrella Solitaria.
   1. Texas—Literatura juvenil. [1. Texas. 2. Materiales en
español] I. Meents, Len W. II. Título.
F386.3.F718   1986   976.4   86-21533
ISBN 0-516-33943-5   Library Bound
ISBN 0-516-53943-4   Paperbound

Créditos de las fotografías:

TEXAS STATE DEPARTMENT OF HIGHWAYS AND PUBLIC
TRANSPORTATION—2, 5, 9, 13, 15, 16, 17, 19, 21, 23 (arriba,
abajo a la izquierda, abajo a la derecha), 25 (derecha), 26
(derecha), 30, 31 (izquierda), 32, 37, 40
SAN JACINTO MEMORIAL MONUMENT AND MUSEUM—9
TOM WINTER—11, 29, 31 (arriba)
BEAUMONT CONVENTION AND VISITORS BUREAU—18
NASA—20
TEXAS TOURIST DEVELOPMENT AGENCY—23
DALLAS CHAMBER OF COMMERCE, Convention and Visitors
Bureau—24, 25 (izquierda), 26 (izquierda)
FORT WORTH CHAMBER OF COMMERCE—27
JAMES R. LACOMBE, Houston Chamber of Commerce—35
GALVESTON CHAMBER OF COMMERCE—35
CORPUS CHRISTI CONVENTION AND VISITORS BUREAU—36
LYNDON BAINES JOHNSON LIBRARY AND MUSEUM—42
JAMES P. ROWAN—Portada, 44

PORTADA—Yuca del Parque estatal de Palo duro

Texas

La palabra Texas viene de la palabra *tejas*, que significa *amigos* en la lengua de los indios cado. Texas está situado en la región sur central de los Estados Unidos. Con excepción de Alaska, Texas es el más grande de los 50 estados.

Texas es un estado importante por muchas razones. Es el estado que produce más petróleo. Es el estado número uno en cuanto a la cría de ganado y en el cultivo del algodón.

¿Sabes dónde nació el presidente Lyndon B. Johnson? ¿O el presidente Dwight D. Eisenhower? ¿Sabes desde dónde los científicos controlan naves espaciales que se remontan a 250,000 millas de la Tierra?

Pronto verás que la respuesta a todas estas preguntas es: Texas, el Estado de la estrella solitaria.

Mucho antes de que existiera el hombre en Texas, los dinosaurios dominaban la tierra. El Tiranosauro Rey vivía allí. El se comía a los otros dinosaurios. Los camellos vagaban por allí. Los tiburones nadaban en lugares que ahora son tierra seca. Se han encontrado fósiles de estos animales antiguos en varias partes de Texas.

La gente llegó a Texas por primera vez hace 11,000 años. Los primeros tejanos eran cazadores. Se han encontrado las puntas de piedra de sus lanzas. También se han encontrado residuos de sus fogatas.

Millones de años más tarde, muchas tribus de indios vivieron en Texas. Los karankauas, los coahuiltecas, los tonkauas y los apaches lipan eran cuatro de esas tribus. Los cados eran un grupo de tribus de indios del este de Texas.

Muchos indios de Texas cazaban búfalos con arcos y flechas. Se comían la carne. Hacían ropa con las pieles. Los indios de Texas también cazaban venados y osos. Los indios que cazaban vivían a menudo en tiendas que llamaban *tepees*.

Los indios cados cazaban, pero también cultivaban la tierra. Su cosecha principal era el maíz, los frijoles y la calabaza. El cultivo quería decir que los cados podían permanecer en un lugar. Construyeron casas de leños y de pasto. Con varias de estas casas se formaba un pueblo.

Dibujos de indios en el Parque Estatal de Huaco

Los españoles fueron las primeras personas en llegar
a Texas que no eran indios. En 1519, el español
Alonso Alvarez de Piñeda navegó a lo largo
de la costa del Golfo de México. Hizo mapas.
Piñeda fue bien recibido por indios amistosos.

Para la década de 1530, México era gobernado por
España. Un español llamado Coronado oyó historias
sobre las "ciudades de oro" de América. En 1540,
Coronado salió de México en busca de las ciudades
de oro. En 1541 cruzó el oeste de Texas. Coronado
vio pueblos indios. Pero no encontró ciudades de oro
ni en Texas ni en ningún otro lugar de América.

Por muchos años los españoles no hicieron casi ningún esfuerzo por colonizar Texas. Entonces, en 1685, el francés La Salle construyó una colonia en la Costa del Golfo, el sureste de Texas. La colonia de La Salle se llamaba el fuerte de San Luis. Diversas enfermedades y un ataque de los indios puso fin a este fuerte. Pero al ver a los franceses allí, los españoles decidieron que debían hacer algo para tomar control sobre Texas.

Algunos sacerdotes españoles, llamados *misioneros*, fueron enviados a Texas. Se construyeron varias iglesias o misiones. Los misioneros convirtieron a los indios a la religión cristiana. También se construyeron fortalezas. Con ellas los soldados españoles protegían las misiones.

En 1718 los españoles construyeron una misión y un fuerte en San Antonio. En 1772, el pequeño pueblo de San Antonio se convirtió en el centro del gobierno español en Texas. Pero para fines del siglo XVIII, sólo unos pocos miles de españoles habían venido a Texas a vivir.

En 1776, se formó un nuevo país en América. Era
los Estados Unidos de América. Los americanos
querían colonizar la región de Texas, que seguía
gobernada por España. En 1820, Moses Austin
le preguntó al gobierno español si podía traer
colonizadores americanos a Texas. Le dijeron que sí.
Moses Austin murió en 1821. Su hijo, Stephen, se hizo
cargo de la colonización de Texas.

Stephen Austin trajo a miles de americanos a Texas.
Construyeron cabañas rústicas, con troncos de árboles.
Cultivaron el algodón. Los americanos fundaron
pueblos. Washington sobre el Brazos, y Columbus
fueron fundados en 1821. En 1823, Stephen Austin
fundó San Felipe de Austin. Durante esa década,
muchos americanos dejaron sus hogares en el norte y
se fueron a Texas. Stephen Austin trajo a tantos
colonizadores que se le puso el nombre del "padre
de Texas".

Stephen F. Austin (arriba) trajo a muchos colonizadores a Texas.
Una de las primeras regiones colonizadas por los americanos fue a lo largo del Río Brazos. (izquierda)

En 1821, México se liberó de España. Ahora, Texas era gobernado por México.

El gobierno mexicano no quería que los americanos controlaran Texas. En 1830, México pasó una ley que prohibía que los americanos se establecieran en Texas. A los tejanos no les gustó esto. Se reunieron en San Felipe de Austin en 1835. Formaron su propio gobierno. Ese año, Texas empezó la guerra para liberarse del dominio mexicano.

Los tejanos tomaron control de San Antonio
el 11 de diciembre de 1835. Esto enojó mucho
al general mexicano Antonio de Santa Anna. Santa Anna
formó un ejército de 5,000 hombres. Marcharon hacia
San Antonio.

En San Antonio los americanos entraron en la misión
de San Antonio, llamada el Alamo. Un grupo
de personas famosas estaban en el Alamo. Jim Bowie
estaba allí. Era conocido por sus peleas con un tipo
de cuchillo llamado el cuchillo "bowie". El cazador,
soldado y ex-congresista Davy Crockett también estaba
en el Alamo. Pero en total, los americanos tenían
menos de 200 hombres.

Cuando Santa Anna llegó con su ejército, les dijo a
los americanos que se rindieran. Los americanos
sabían que no podían vencer a 5,000 soldados. Pero
decidieron luchar. "Nunca me daré por vencido ni
retrocederé . . . LA VICTORIA O LA MUERTE", escribió
el coronel americano William Barret Travis en
un mensaje famoso.

El Alamo de noche

Día tras día, el ejército mexicano bombardeó el
Alamo con sus cañones. Los americanos se defendieron.
Entonces, se les empezaron a acabar las municiones.
El 6 de marzo de 1836, miles de soldados mexicanos
empezaron a atacar la fortaleza. Subieron las paredes
y entraron en los edificios. Los pocos americanos
lucharon hasta que cada soldado americano en el Alamo
había caído muerto.

No murieron en vano. Mientras la guerra seguía,
los tejanos se reunieron en Washington sobre el
Brazos. Escribieron una declaración de independencia.
Esta decía que Texas quedaba libre de México.
Los tejanos también escogieron a Sam Houston como
comandante de su ejército. Al no rendirse en
el Alamo, los hombres de allí le dieron tiempo
al general Houston para formar su propio ejército.

En abril de 1836, unos 1,000 americanos bajo
las órdenes de Sam Houston se prepararon para luchar
contra un ejército de unos 1,400 bajo Santa Anna.
"La victoria es algo seguro", les dijo Houston a
sus hombres. "Tengan confianza en Dios y no teman.
Y recuerden el Alamo. ¡Recuerden el Alamo!"

El 21 de abril de 1836, Houston y sus hombres
atacaron. En esta lucha—la batalla de San
Jacinto—el ejército mexicano fue derrotado.
Santa Anna fue hecho prisionero.

Texas era ahora una nación. Se llamaba
la República de Texas. Sam Houston fue nombrado
presidente de la república.

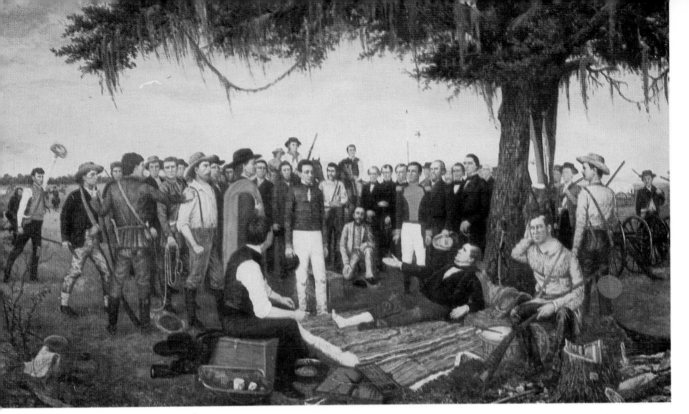

Detalles de *La capitulación de Santa Anna* por William Henry Huddle. Muestra al capturado general mexicano parado ante Sam Houston, que está tendido bajo un árbol.

Pero la República de Texas tenía muchos problemas. Y todavía existía la posibilidad de que México invadiera. La mayoría de los otros tejanos creía que sería mejor para Texas unirse a los Estados Unidos.

El 29 de diciembre de 1845, Texas llegó a ser el 28° estado. Austin era la capital del estado. La bandera de Texas tenía una sola estrella. Es por eso que le dicen a Texas el *Estado de la estrella solitaria.*

Durante la década de 1850, miles de agricultores vinieron a Texas. El algodón era la cosecha principal. Los esclavos negros hacían el trabajo en unos ranchos grandes llamados *plantaciones*.

En la década de 1850, los americanos del norte y del sur discutían sobre la esclavitud. Los del sur temían que el gobierno de los Estados Unidos acabara con la esclavitud. Los sureños hablaban de los derechos de los estados. Esta era la idea de que cada estado debía decidir por su propia cuenta asuntos de los impuestos, la esclavitud y otros.

Finalmente, los estados del sur se separaron de los Estados Unidos. Formaron su propio país— los Estados Confederados de América.

Los tejanos tenían mucho en común con los sureños. Muchos habían venido de Alabama, Mississippi y de otros estados del sur. Algunos tejanos tenían esclavos. Texas se separó de los Estados Unidos y en marzo de 1861 se unió al sur.

Los tejanos recrean una batalla de la guerra civil.

La guerra entre los Estados Unidos (norte) y los Estados Confederados (sur) empezó en abril de 1861. Este fue el comienzo de la guerra civil. Texas mandó a más de 50,000 soldados a luchar por el sur.

Pero el sur no tenía suficientes hombres ni provisiones para ganar la guerra civil. En 1865, el sur fue derrotado. Ese mismo año, el 19 de junio. los esclavos de Texas fueron puestos en libertad. En 1870, Texas, una vez más, volvió a formar parte de los Estados Unidos.

El "longhorn" de Texas

Una buena manera de recordar la historia de Texas es pensar en las seis banderas que fueron izadas en Texas. Fueron las banderas de España, Francia, México, la República de Texas, los Estados Confederados de América y los Estados Unidos.

Para la década de 1870, había empezado un nuevo período en la historia de Texas. Este fue el período de las grandes arreadas de ganado.

Los vaqueros a caballo arreaban el ganado "longhorn" de Texas hacia Kansas por las rutas llamadas Chisholm y Western. Desde Kansas, el ganado tejano era enviado hacia el norte y el este por tren.

El vaquero de Texas llegó a ser famoso. Usaba un enorme sombrero de diez galones y botas de tacón alto. El sombrero le protegía los ojos del sol. Las botas le daban un firme apoyo en los estribos.

Por pura diversión, los vaqueros de Texas contaban historias exageradas. Algunas eran acerca de un vaquero llamado Pecos Bill. Según estas historias, Bill no sólo andaba a caballo sino que también montaba gatos monteses. Solo cayó al suelo una vez, que fue cuando trató de montar un tornado. Los vaqueros también decían que fue Pecos Bill quien excavó el lecho del Río Grande.

Vaqueros modernos lazando el ganado. En el pasado, al llevar el ganado a otros destinos, los vaqueros inventaban canciones y se las cantaban al ganado para mantenerlo tranquilo durante la noche.

Los vaqueros dejaron de transportar el ganado cuando el ferrocarril llegó a Texas en la década de 1880. Desde entonces, el ganado fue enviado directamente al norte y al este por tren. Los trenes también trajeron a muchos colonizadores. Para el siglo XX, había 3,048,710 de habitantes en Texas. La mayor parte de ellos trabajaba en el campo.

En 1901, un nuevo tesoro fue descubierto en Texas. Fue el petróleo. Salió a chorros del campo petrolífero de Spindletop, cerca de Beaumont. Al petróleo le decían "oro negro" porque valía mucho dinero. Era necesario para hacer funcionar automóviles y maquinaria. Más tarde, se encontró petróleo en muchos lugares de Texas.

Uno de los primeros pozos de petróleo de Texas. El petróleo siguió saliendo por nueve días, hasta que lo taparon.

Los productos hechos de carne, como la
salchicha (izquierda) y los productos del
petróleo y del gas natural como el butano
(arriba), son importantes en Texas.

La manufactura (el hacer cosas en fábricas)

también llegó a ser importante en el siglo XX.

La refinación del petróleo llegó a ser una industria

enorme. El empaque de la carne y la fabricación

de otras comidas se hizo un gran negocio. Mucha gente

se mudó a las ciudades para trabajar en las fábricas.

Houston, Dallas y San Antonio se convirtieron en tres

de las ciudades más grandes de los Estados Unidos.

Los astronautas
en la misión de Apolo 12
a la luna fueron guiados
desde el Centro Espacial
de Lyndon B. Johnson que
se encuentra cerca de Houston.

En Texas nacieron dos hombres que llegaron a ser
presidentes de los Estados Unidos en el siglo XX.

Dwight D. Eisenhower (1890-1969) nació en Denison.
"Ike" se mudó a Kansas cuando tenía unos dos años.
Desde 1953 hasta 1961 sirvió como el 34º presidente
de los Estados Unidos.

Lyndon Baines Johnson (1908-1973) nació cerca de
Stonewall. Fue nuestro 36º presidente.

Durante su presidencia, el programa espacial siguió
siendo importante. En 1964, un centro para los vuelos
espaciales tripulados empezó a funcionar cerca de
Houston. Al principio se llamaba el Centro de Naves
Espaciales Tripuladas. Más tarde se le cambió
el nombre al Centro Espacial de Lyndon B. Johnson.

La manufactura (arriba) y la producción del petróleo son dos de las industrias más importantes de Texas.

Si los tejanos del siglo XIX pudieran visitar el Texas de hoy, se sentirían muy a gusto por varias razones. Verían que Texas es el estado principal en el cultivo del algodón y en la cría de ganado vacuno para carne. Pero también verían que mucho ha cambiado. Texas es ahora el estado principal en la producción de petróleo. Es el estado número dos en la producción de gas natural. Y hoy en día, muchos más tejanos trabajan en industrias que en la agricultura y la ganadería.

21

Has aprendido algo acerca de la historia de Texas. Ahora, es hora de hacer un viaje —en palabras y fotos— por el Estado de la estrella solitaria.

Si hicieras un rompecabezas de los Estados Unidos, podrías encontrar fácilmente el estado de Texas. Es el segundo más grande. Al armar el rompecabezas verías que México está al sur de Texas. La vasta extensión de agua llamada el Golfo de México está al sureste. La parte de Texas que resalta como una chimenea se llama el *Panhandle*.

Texas tiene casi todo tipo de panorama. Gran parte de Texas está cubierto de tierras llanas llamadas *plains*. Texas también tiene montañas —tales como las montañas de Chisos y de Guadalupe. El Río Grande, que separa Texas de México, es sólo uno de los muchos ríos del estado. A lo largo del Golfo de México, Texas tiene playas de suaves arenas e islas.

Texas tiene muchos tipos de panorama: el valle llano del Río Grande (arriba), las playas del Golfo de México (arriba a la izquierda), desiertos rocosos (arriba a la derecha) y gigantescas montañas (abajo), son algunos de ellos.

Izquierda: La Plaza Histórica de Dallas
Derecha: La Torre Reunión

Dallas está al noreste de Texas. En 1841, un hombre llamado John Neely Bryan llegó allí de Arkansas. Construyó una choza y una tienda general en el Río Trinidad. El pueblo de Dallas creció allí, a medida que llegaron más colonizadores.

Si John Neely Bryan pudiera visitar Dallas hoy, lo podrías llevar a la Torre Reunión. Desde allí podría ver que la "gran D" es ahora una ciudad enorme llena de bancos, hoteles, carreteras y fábricas.

Se fabrican muchos productos en Dallas. Se hacen aviones. Se fabrican computadoras y se envasan refrescos. Dallas es también la matriz de muchas companías de petróleo y de seguros.

Izquierda: El Palacio Municipal de Dallas
Arriba: Montaña rusa en las Seis Banderas
sobre Texas

Verás muchos diferentes tipos de personas
al caminar por Dallas. Verás muchos negros. Verás
indios americanos. También conocerás a personas de
diferentes orígenes, entre ellos mexicanos y alemanes.

Hay muchos lugares interesantes que visitar en
Dallas. En el Museo de Historia Natural de Dallas
aprenderás acerca de las plantas y los animales
de Texas. En el Museo de Bellas Artes de Dallas
podrás disfrutar admirando obras de arte famosas.

Un lugar que te gustará es las Seis Banderas sobre
Texas. Es un gran parque de atracciones nombrado por
las seis banderas que fueron izadas en Texas.

Dallas es un centro de educación importante. La Universidad Southern Methodist, la Universidad de Dallas y la Universidad de Texas en Dallas son sólo tres de las escuelas importantes de la región.

La "gran D" es también un gran centro de deportes. Los Cowboys de Dallas juegan al fútbol en el estadio de Texas, cerca de Dallas. Cada día de año nuevo se juega en Dallas un partido de fútbol entre universidades famosas. Se llama el Cotton Bowl. Un equipo de béisbol de la liga mayor, los Rangers de Texas, juega en Arlington, no lejos de Dallas.

Abajo: El estadio de Texas
Derecha: Un remate de ganado en Fort Worth

Panorama de Fort Worth

Fort Worth queda al oeste de Dallas. Fort Worth
fue fundado en 1849. Al principio era un fuerte
del ejército donde los soldados protegían a
los colonizadores contra los ataques de los indios.
Durante la década de 1870, Fort Worth era un punto
de parada para los vaqueros que llevaban el ganado
hacia el norte.

Hoy en día, Fort Worth es una de las ciudades más
importantes del país en la fabricación de aviones.
Allí se hacen también productos alimenticios y equipo
para los pozos de petróleo.

En el Log Cabin Village puedes ver las casas de algunos de los primeros pobladores de Fort Worth. El Museo de Arte Occidental de Amon Carter también es divertido. Se pueden ver allí pinturas de los pintores de escenas del oeste Charles M. Russell y Frederic Remington.

En Texas la educación es muy importante. Al sur de Fort Worth encontrarás la ciudad de Waco. Allí está la Universidad de Baylor. Fundada en 1845, Baylor es la más antigua de las muchas universidades de Texas.

De Waco, te puedes dirigir a la capital del Estado de la estrella solitaria, Austin. Se le dio el nombre del "padre de Texas", Stephen Austin. Austin ha sido la capital permanente de Texas desde 1845, el año en que Texas llegó a ser estado.

Visita el edificio del capitolio. Los legisladores de todo el estado se reúnen en ese edificio de granita rosado. Puedes verlos trabajar, haciendo las leyes de Texas.

Arriba a la izquierda: Panorama de Austin
Derecha: La Biblioteca y el Museo de
Lyndon Baines Johnson
Abajo a la izquierda: El capitolio

Mucha gente de Austin trabaja para el gobierno.
Y para la base de la fuerza aérea Bergstrom.

Además, la ciudad universitaria más grande de
la Universidad de Texas se encuentra en Austin.
Unos 47,000 estudiantes asisten a esa universidad.

La Biblioteca y el Museo de Lyndon Baines Johnson
están en Austin. Allí puedes aprender mucho sobre el
presidente Johnson y sobre la presidencia. También
disfrutarás el Museo Conmemorativo de Texas. Allí
puedes aprender mucho sobre la historia del Estado de
la estrella solitaria.

La misión de San José es una iglesia muy antigua construida por los españoles.

San Antonio está al suroeste de Austin. San Antonio se fundó en 1718, cuando los españoles construyeron allí una misión y un fuerte.

Los españoles construyeron varias misiones en San Antonio. Visita la misión de San José, que fue construida en 1720. Le dicen la "Reina de ⁻misiones" porque es tan hermosa.

Visita otra misión de San Antonio, el Alamo. Le dicen al Alamo la "Cuna de la libertad de Texas".

Como la mitad de la gente de San Antonio es mexicana o de descendencia española. La Villita muestra cómo era un pueblito español de Texas en el siglo XIX.

Lo viejo y lo nuevo de San Antonio: el Paseo del Río (arriba) y La Villita (izquierda)

Aunque San Antonio es una ciudad muy histórica, hay allí muchas oportunidades para ganarse la vida. Muchos trabajan en el fuerte Sam Houston y las otras bases militares del área.

De San Antonio, te puedes dirigir a Houston, en el sureste de Texas. La ciudad fue fundada en 1836 por Augustus y John Allen. Hoy en día, Houston es la ciudad más grande de Texas. Es también la ciudad que está creciendo más rápido que ninguna otra ciudad del país.

Una refinería donde el petróleo crudo se convierte en muchos productos.

Hay grandes riquezas de petróleo en el área de Houston. En las refinerías, el petróleo se convierte en gasolina y en otros productos. El área de Houston es el centro más importante de todo el país en refinerías de petróleo.

En Houston se hacen muchos productos químicos. El hule, el papel y la comida también se hacen allí. Los productos de Houston salen de la ciudad por tren, avión, barco y camión. Los barcos van por el Canal de barcos de Houston al Golfo de México.

Visita el Museo de Bellas Artes de Houston. Allí podrás ver obras famosas del mundo entero. En el Edificio para las Artes Dramáticas de Jesse H. Jones podrás escuchar conciertos sinfónicos y presenciar óperas y el ballet.

El centro de Houston. Houston es una de la ciudades que está creciendo más rápido.

Ve al Centro Espacial de Lyndon B. Johnson que está cerca de Houston. Verás una nave espacial que fue a la luna. Y verás cómo los científicos de allí guían las naves que están a 250,000 millas de distancia.

En Houston encontrarás el Astrodome. Este es un estadio deportivo bajo techo. Los Astros de Houston juegan al béisbol allí, como también los Oilers, que juegan al fútbol.

De Houston dirígete hacia el sur al Golfo de México.
El Golfo de México baña más de 360 millas de la costa
de Texas. La tierra situada a lo largo de la orilla
se llama la *Costa del Golfo.*

La Costa del Golfo de Texas es un lugar popular de
veraneo. Mucha gente va allí aun en el invierno.
Aunque haya heladas en las ciudades del norte en
enero, la temperatura en la Costa del Golfo llega
frecuentemente a los 70 grados.

A veces, los huracanes azotan la Costa del Golfo.
Los huracanes son grandes tormentas que se forman en
el océano. Llegan a la tierra firme con vientos de
más de 100 millas por hora. Causan olas gigantescas
e inundaciones. En el siglo XX, un huracán azotó
la ciudad de Galveston, situada en la isla
de Galveston. Unas 6,000 personas murieron. Este
fue uno de los peores desastres en la historia de
los Estados Unidos.

Galveston está ahora protegida por una gran muralla
frente al mar. En la temporada de los huracanes,
esta muralla protege a Galveston de las inundaciones.

Izquierda: La muralla frente al mar en Galveston
protege la ciudad de inundaciones durante la
temporada de huracanes.
Arriba: La isla de Galveston

Se cuentan historias de tesoros de los piratas
que están enterrados en las islas, cerca de la Costa
del Golfo. Hace mucho tiempo, el pirata Jean Laffite
vivió en la isla de Galveston. Hoy en día, no verás
buques de piratas por allí. Verás botes de
pescadores. Los pescadores de Texas te traerán
camarones, cangrejos, ostras y pargo.

Arriba: Vista de Corpus Christi
Derecha: Montando a caballo por una de
las playas de Corpus Christi

Corpus Christi, situada en la Costa del Golfo, es
un puerto importante. Los productos químicos y
petroleros fabricados allí van en barco a otras
ciudades del mundo.

De Corpus Christi, haz un viaje al lejano sur de
Texas. Verás pueblos con nombres españoles en esa
región. San Juan, Zapata, San Benito y Río Hondo son
sólo cuatro de ellos. Te encontrarás con muchos
méxico-americanos allí. Más del 20 por ciento de
todos los tejanos son de origen mexicano o español.

Dirígete ahora hacia el oeste de Texas.
No tiene tantas ciudades grandes como el este
de Texas. Pero sí tiene muchos pozos de petróleo,
haciendas y ranchos.

Se cultivan muchas cosechas en el oeste de Texas—y
en otras partes del estado. El sorgo es una de
las cosechas principales. Se usa para darle de comer
al ganado. Algunas de las otras cosechas son
el arroz, la caña de azúcar, el trigo, la espinaca y
los cacahuates. El Estado de la estrella solitaria
es el que produce la mayor cantidad de algodón.

La cosecha del arroz

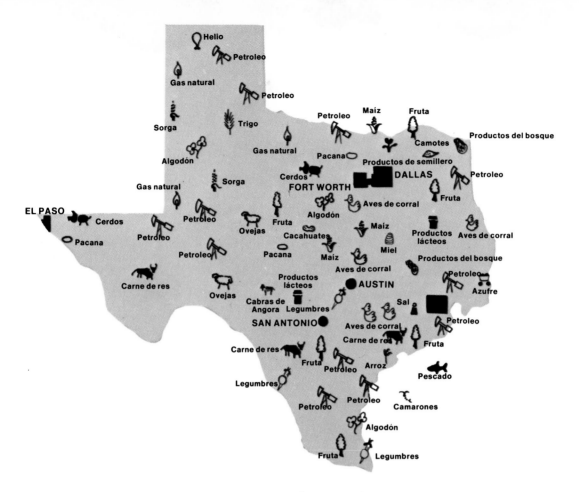

En el oeste de Texas también se cría una gran
cantidad de ganado. En total, hay como 15 millones de
ganado vacuno para carne. Esto quiere decir que en
el estado hay más ganado que gente. Gran parte
del ganado es enviado a Amarillo.

Texas es el estado más importante en la cría de
ganado vacuno y también de ovejas. Los granjeros
de Texas también crían puercos, pollos y caballos
para montar.

Termina tu viaje yendo a El Paso, en el lejano oeste de Texas. La ciudad yace en el Río Grande, de este lado de México. Cerca de El Paso se cultiva el algodón y se cría ganado. Se hace mucha ropa de algodón en la ciudad.

La comunidad más antigua de todas las que se pueden ver en Texas se encuentra en El Paso. Se llama Ysleta. Fue construida por misioneros españoles y por los indios tiguas en 1682. Los indios tiguas todavía viven allí.

Los lugares no pueden contar toda la historia de Texas. Muchas personas interesantes han vivido en el Estado de la estrella solitaria.

Samuel Houston (1793-1863) nació en Virginia. A los 15 años, se fue de su casa. Vivió con los indios cheroquíes por tres años. Más tarde, Houston fue abogado, soldado y legislador de Tennessee. En la década de 1830, Sam Houston se mudó a Texas. Houston dirigió al ejército en la lucha para liberar a Texas de México. Fue presidente de la República de Texas. Fue

Sam Houston

senador de los Estados Unidos y luego gobernador.
Durante la guerra civil, el gobernador Houston no
quería que Texas se uniera al sur. Pero le quitaron
su cargo y murió en Huntsville durante la guerra.

Quanah nació cerca de Lubbock. Quanah se hizo
cacique de los indios comanches. Quanah vio que
los cazadores estaban agotando el búfalo. Vio que
su pueblo era expulsado de sus tierras. Durante
dos décadas, Quanah atacó varias colonias.

Pero en 1874, fue derrotado en una batalla en Adobe Walls, en Texas. Después de eso, Quanah tuvo que vivir en una reservación en Oklahoma. Allí fundó escuelas para su pueblo. Les enseñó a ganar dinero rentando tierras a los ganaderos. El pueblo de Quanah, Texas, recibió su nombre.

Miriam A. Ferguson (1875-1961) nació en Bell County. Su esposo—James E. Ferguson—fue gobernador de Texas. Más tarde, ella también fue gobernadora del Estado de la estrella solitaria. "Mamá" Ferguson fue una de las primeras gobernadoras de un estado.

Lyndon Baines Johnson (1908-1973) nació en una granja cerca de Stonewall. Se crió en Johnson City. De joven, Johnson viajó por la costa del oeste, pidiendo "levantones". Ganó dinero como lavaplatos y mesero. Cuando volvió a su casa, Johnson les dijo a sus padres: —Estoy cansado de trabajar con las manos. Dijo que estaba listo para trabajar con la cabeza. Lyndon Johnson fue maestro. Más tarde fue elegido congresista y después senador

de Texas. Entonces, en 1960, Lyndon Johnson fue

elegido vice-presidente de los Estados Unidos. Cuando

el presidente John F. Kennedy fue asesinado en 1963,

Johnson tomó la presidencia. El próximo año, en 1964,

"LBJ" se postuló para presidente y ganó.

Barbara Jordan nació en Houston, en 1936. Cuando

era muy joven, decidió que llegaría a ser algo muy

especial. Barbara Jordan fue abogada. Más tarde, se

hizo funcionaria pública. Fue la primera mujer

negra que llegó a ser senadora estatal en Texas.

En 1972, los tejanos la eligieron a la cámara

de diputados de los Estados Unidos. Ella fue
la primera mujer negra del sur que sirvió en
la cámara de diputados.

Alan Bean nació en Wheeler, en 1932. Llegó a ser
astronauta. En noviembre de 1969, pasó más de
un día entero en la luna.

Texas también ha producido muchos astros famosos
de los deportes. Roger Hornsby (1896-1963) nació
en Winters. En 1924, Hornsby alcanzó un promedio
sorprendente de .424. Ese es el promedio de bateo
más alto del béisbol moderno. Los grandes jugadores
de béisbol Ernie Banks y Frank Robinson también
nacieron en Texas.

Jack Johnson (1878-1946) nació en Galveston.
Fue el campeón mundial de los boxeadores de peso
completo desde 1908 hasta 1915. Fue el primer
boxeador negro que ganó el título de ese peso.

A.J. Foyt nació en Houston en 1935. Ganó
la carrera de "Indianapolis 500" cuatro veces.

Una puesta del sol en el Panhandle de Texas

Fue el hogar de los indios y de
los misioneros españoles.

Hoy en día es el hogar de los rancheros. . .
granjeros . . . y petroleros.

El estado donde se puede ver el Alamo . . . el Centro
Espacial de Lyndon B. Johnson . . . y el Astrodome de Houston.

El estado principal en la cría de ganado . . . la producción
de petróleo . . . la cosecha de algodón.

¡Esto es Texas—el Estado de la estrella solitaria!

44

Datos sobre TEXAS

Área—267,338 millas cuadradas

Mayor distancia de norte a sur—801 millas

Mayor distancia de este a oeste—773 millas

Fronteras—Nuevo México, Oklahoma y Arkansas hacia el norte; Oklahoma, Arkansas y Louisiana hacia el este; México y el Golfo de México hacia el sur; México y Nuevo México hacia el oeste.

Punto de mayor elevación—8,751 pies sobre el nivel del mar

Punto más bajo—el nivel del mar

Temperatura más alta conocida—120° (en Seymour el 12 de agosto de 1936)

Temperatura más baja conocida—23° bajo cero (en Tulia, el 12 de febrero de 1899 y también en Seminole, el 8 de febrero de 1933)

Llegó a ser estado—28mo estado el 29 de diciembre de 1845

Origen del nombre—Texas viene de la palabra *tejas* que quiere decir "amigos" en la lengua de los indios cado

Capital—Austin (desde 1845)

Condados—254

Senadores federales—2

Representantes federales—24

Senadores estatales—31

Diputados estatales—150

Canción estatal—"Texas, Our Texas," por Gladys Yoakum Wright y William J. Marsh

Lema del estado—La amistad

Apodo—Estado de la estrella solitaria

Bandera del estado—Adoptada en 1839

Sello del estado—Adoptado en 1846

Flor del estado—Lupino

Pájaro del estado—Sinsonte

Arbol del estado—Pacana

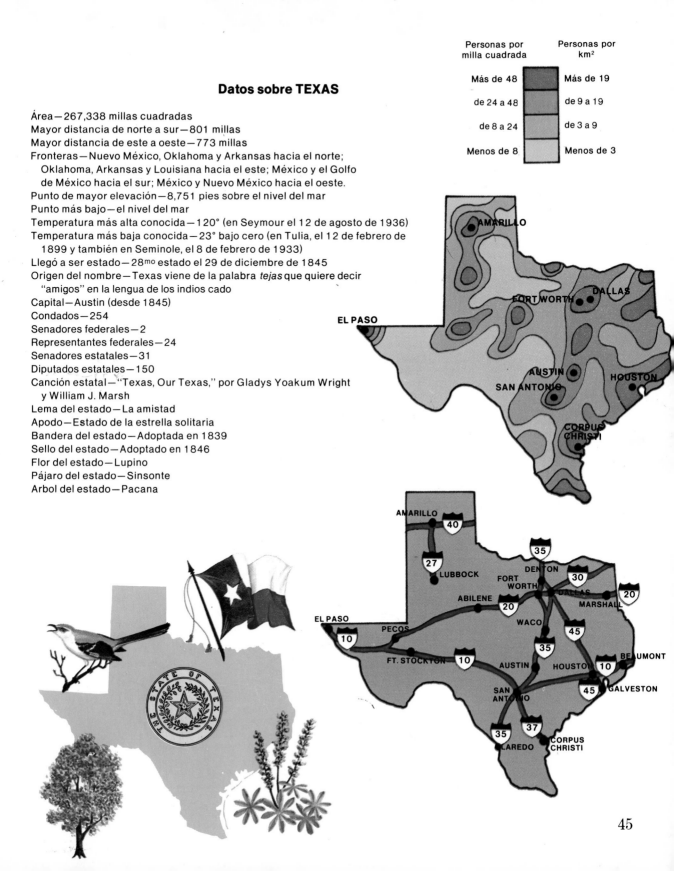

Personas por milla cuadrada	Personas por km²
Más de 48	Más de 19
de 24 a 48	de 9 a 19
de 8 a 24	de 3 a 9
Menos de 8	Menos de 3

Algunos ríos—Río Grande, Pecos, Red, Brazos, Canadian, Sabine, Neches, Trinity, Colorado, Guadalupe

Cordilleras principales—Guadalupe, Chisos, Davis

Algunas islas—Galveston, Padre, Matagorda, San José, Mustang

Animales salvajes—venado, antílope berrendo, javelina, ardilla, coyote, gato montés, puma, zorro, serpiente de cascabel y otras serpientes, lagarto, guajolote salvaje, codorniz, correcaminos, pájaro carpintero, urraca, pelicano y muchos otros tipos de pájaros

Pesca—camarones, ostras, cangrejos, pargo, trucha

Productos agrícolas—ganado vacuno para carne, sorgo, algodón, arroz, trigo, caña de azúcar, remolacha, cacahuate, pacana o nuez de Castilla, semilla de soja, elote, avena, heno, repollo, espinaca, sandía, pollo, huevo, leche, guajolote, ovejas, puercos, caballos para montar, miel, naranjas, toronjas, duraznos, fresas

Minería—petróleo, gas natural, azufre, sal

Manufactura—productos químicos, petroleros y de carbón, maquinaria, comidas envasadas, aviones y otros equipos de transporte, ropa, productos de papel

Población—14,227,574 (estimada en 1980)

Ciudades principales—
Ciudad	Población	
Houston	1,595,138	(todas estimadas en 1985)
Dallas	1,556,390	
San Antonio	786,023	
El Paso	425,259	
Fort Worth	385,141	
Austin	17,726	
Corpus Christi	326,228	

Historia de Texas

Había gente en Texas hace más de 11,000 años.

1519—Alonso Alvarez de Piñeda explora y hace mapas de la costa de Texas bajo órdenes de España.

1528—El español Cabeza de Vaca naufraga cerca de la costa de Texas.

1541—En busca de oro, Coronado pasa por Texas.

1682—Los españoles construyen las primeras dos misiones de Texas cerca de lo que hoy en día es El Paso.

1685—El francés La Salle funda el fuerte de San Luis en la Costa del Golfo de Texas; las enfermedades y un ataque de los indios ponen fin a la colonia.

1690—Los españoles construyen su primera misión en el este de Texas, cerca de lo que hoy en día es Weches.

1718—Los españoles construyen una misión y una fortaleza en San Antonio.

1744—Además de los indios, sólo unas 1,500 personas viven en Texas.

1749—Se funda el pueblo de Goliad.

1772—San Antonio se hace el centro del gobierno español en Texas.

1779—Se funda el pueblo de Nacogdoches.

1813—*La Gaceta de Texas*, el primer periódico del estado, se imprime en Nacogdoches.

1830—México pasa una ley para prohibir la entrada de los americanos a Texas.

1835—Empieza la lucha para liberar a Texas de México.

1836—¡Año muy importante en la historia de Texas! 2 de marzo: Los tejanos proclaman su independencia diciendo que son libres de México. 6 de marzo: El ejército mexicano mata a los defensores del Alamo. 21 de abril: Sam Houston derrota el ejército mexicano, que estaba al mando de Santa Anna, en la batalla de San Jacinto 1º de septiembre: Sam Houston es elegido presidente de la República independiente de Texas.

1845—El 29 de diciembre, Texas se convierte en el 28º estado; Austin es la capital.

1861-1865—Durante la guerra civil, más de 50,000 tejanos luchan al lado de
los Estados Confederados.

1863—Durante la guerra civil, Sam Houston muere en Huntsville el 26 de julio.

1865—Se libra la última batalla de la guerra civil en Palmito Hill, Texas, el 13 de mayo; el 19 de junio
los esclavos son puestos en libertad.

1870—Una vez más, Texas es parte de los Estados Unidos.

1870—Durante esta década, los vaqueros arrean el ganado de Texas a Kansas; este período dura
hasta que los ferrocarriles empiezan a cruzar el estado de Texas en la década de 1880.

1883—Se abre la Universidad de Texas en Austin.

1888—Se termina de construir el capitolio de Austin.

1890—Dwight D. Eisenhower nace en Denison, Texas.

1900—Un huracán mata a 6,000 personas en Galveston.

1901—El descubrimiento del campo de petróleo de Spindletop inicia la bonanza del petróleo.

1908—Lyndon Baines Johnson nace cerca de Stonewall, Texas.

1917-1918—Cuando los Estados Unidos entran en la primera guerra mundial, más de 200,000
tejanos llevan el uniforme.

1920—La población de Texas es de 4,663,228.

1924—La señora Miriam M. Ferguson es elegida governadora de Texas; es la segunda mujer
gobernadora del pais.

1941-1945—Cuando los Estados Unidos entran en la segunda guerra mundial, 750,000 tejanos
sirven en las fuerzas armadas; Audie Murphy, nacido en Kingston,
gana el mayor número de medallas de todos los soldados de los E.U.

1945—¡Feliz cumpleaños, Estado de la estrella solitaria!

1950—La población de Texas llega a 7,711,194.

1952—Dwight D. Eisenhower es elegido el 34º presidente de los Estados Unidos.

1953—Los tornados matan a 146 en Texas.

1963—Cuando el presidente John F. Kennedy es asesinado en Dallas, el 22 de noviembre, Lyndon
Baines Johnson se convierte en el 36º presidente.

1964—Lyndon B. Johnson es elegido presidente; el Centro de Naves Espaciales Tripuladas cerca de
Houston se convierte en el centro de los vuelos tripulados.

1972—Barbara Jordan, nacida en Houston, llega a ser la primera mujer negra del sur que es elegida
a la cámara de diputados de los Estados Unidos.

1973—El presidente Johnson muere en San Antonio; el Centro de Naves Espaciales Tripuladas recibe el nombre del Centro
Espacial de Lyndon B. Johnson.

1977—La Conferencia nacional de mujeres se reúne en Houston.

Sobre el autor

DENNIS FRADIN asistió a la Universidad de Northwestern con una beca
para estudiar composición escrita y se graduó en 1967. Mientras estaba en
Northwestern, publicó sus primeros cuentos en la revista *Ingenue* y también
ganó un premio en el concurso de cuentos cortos de la revista *Seventeen*.
Dennis Fradin es un escritor prolífico y ha publicado cuentos regularmente en
publicaciones tan variadas como en el *Saturday Evening Post, Scholastic,
National Humane Review, Midwest* y *The Teaching Paper*. También ha escrito
guiones para varias películas educacionales. Desde 1970, ha sido maestro de
lectura en una escuela de Chicago—un trabajo gratificador, que, según el
autor, "le provee de un público cautivo con el cual puede ensayar sus cuentos
para niños". Dennis Fradin es casado y tiene dos hijos. Pasa su tiempo libre
con su familia.

Sobre el ilustrador:

LEN MEENTS estudió pintura y dibujo en
la Universidad de Illinois del sur y después
de graduarse, se mudó a Chicago. El señor
Meents trabaja a tiempo completo como
pintor e ilustrador. Vive en LaGrange,
Illinois, con su esposa y su hijo.

INDICE

468
FRA

Fradin, Dennis B.

Texas en palabras y fotos.

$11.95

DATE DUE	BORROWER'S NAME	ROOM NO
1/14/93	Pels	26
1-26	Rendon	27
2-23-93	Rendon	5
5-3-95	Cynthia	29

468
FRA

Fradin, Dennis B.

Texas en palabras y
fotos.

**ANDERSON ELEMENTARY SCHOOL
HOUSTON, TEXAS 77035**